사마리아인의 보고서

사마리아인의 보고서

만돌시인 김천석 제7시집

좋은땅

사마리아인의 **報告書 序文**

누가
그분의 죽음에
마침표를 찍을 수 있을까

죽어도 그는 살아
내 마음에
너의 마음에
더 또렷이 새겨지던 걸

살아도
주검처럼 사는 사람들은
또 얼마나 많은가

기억하라
기억하라
죽어 사는 사람을…

잊어라

살아 있어 추한 죽음을 맞이한 자들을…

그것이
선의를 외롭게 하지 않는 것임을…
그것이
흘리는 이 눈물이
그의 보석이 되는 것임을…

보고서(報告書)는
위나 사람들에게 알릴 문서나 글이다
사마리아인은 성경에 나오는 선한 사마리아인을 뜻한다
따라서 선한 사마리아인의 보고서는 마땅히 하나님께 시로 올릴 나의 글이다
교회 안에 침투한 극단의 개인주의…
선한 사마리아인의 비유처럼 부족한 시인의 글이 하나님께 올려지기를 소망한다.

                          새실마을 사랑인교회에서
                          만돌/시인 김천석 목사 올림

목차

사마리아인의 報告書 序文 ·· 4

1. 읽고 싶은 책 ··· 10
2. 바울연가(戀歌) ·· 11
3. 귀향 ·· 14
4. 때 늦은 시 한 편 ··· 16
5. 반짇고리 회상 ··· 18
6. 눈을 위한 탱고 ·· 21
7. 누군들 ·· 24
8. 교회여 가라! ··· 28
9. 보리밥 이유서 ··· 31
10. 시인 독백 ·· 34
11. 보수(保守)를 보수(補修)하라 ·· 36
12. 인간은 있되 사람은 없다 ··· 40
13. 등 굽은 술래 ·· 43
14. 고도를 기다리며…(1) ··· 46
15. 고도를 기다리며…(2) ··· 48

16. 어떤 추억을 부르다(1) ········· 50
17. 개(犬)를 부르는 여자 ········· 53
18. 다른 듯 닮은 것들 ········· 56
19. 설원을 기다리며… 보고픈 것들 ········· 58
20. 에덴을 그리며… ········· 60
21. 품사(品詞)에게 보내는 편지 ········· 64
22. 운전대 붙잡고… 읽기와 쓰기 ········· 66
23. 소망의 편지 ········· 68
24. 봄바람도 불었소 봄비도 내렸소 ········· 70
25. 왜곡된 사랑은 선악과일지도 모른다 ········· 74
26. 봄바람 소원 ········· 79
27. 꽃들의 방정식(方程式) ········· 80
28. 새벽으로 오는 메시지 ········· 83
29. 하늘 편지 보내는 법 ········· 86
30. 비의 언어(2) ········· 88

31. 오월엔 비가 올 것이다 ·· 90
32. 받아쓰기의 허점 ·· 94
33. 주먹밥 회상 ·· 97
34. 벽 ··· 100
35. 몽정기 ··· 102
36. 시인의 보고서 ·· 106
37. 약물은 스며 눈물로 흐르고 ····························· 111
38. 나르시시즘을 위한 기도 ·································· 114
39. 시공(時空)의 전(箭) ·· 117
40. 수심(愁心)의 깊이 ·· 120
41. 모래톱 사연 ·· 124
42. 자동 분사기 ·· 127
43. 사랑하는 당신이여! ·· 128
44. 등교(登校) 길 잘못된 신호에서… ················· 131
45. 누군가의 누구 ·· 134
46. 나를 희롱한 모기의 동선에서… ····················· 137
47. 인색한 자에게 던지는 테러리즘 ····················· 144

48. 기억의 되새김 …………………………………………… 146

49. 추석(2) ………………………………………………… 148

50. 100의 전설 …………………………………………… 150

51. 태초에… ……………………………………………… 153

52. 가을 연가 ……………………………………………… 156

53. 수평의 정원 …………………………………………… 158

54. 대화의 역설(逆說) …………………………………… 161

55. 감정 드러내기 ………………………………………… 162

56. 자유와 구속 사이 ……………………………………… 164

57. 밤의 언어 불타는 사랑 ………………………………… 165

58. 이별 연습 ……………………………………………… 168

59. 마지막 탱고 …………………………………………… 171

60. 사랑하라 서로 사랑하라 ……………………………… 172

61. 가을 레이저(laser) …………………………………… 174

62. 복의 근원 ……………………………………………… 176

1. 읽고 싶은 책

읽고 싶다
읽어 보고 싶다

이 가을에
읽고 싶은 책 하나…

네 마음속에
써 내려온
너의 일기장

그렇게 너를 읽고
그렇게 남을 읽어

너와 나
"우리"가 되고 싶다

2. 바울연가(戀歌)

무엇이 기뻤을까 바울은…

사단의 가시를 안고 몸서리치도록 기도를 했었지

원망이어도 용서했을 그의 삶의 소망 하나

하나님은 그를 한겨울 냉골처럼
매몰차게 대하셨지

아!
"네 은혜가 네게 족하도다 이는
내 능력이 약한 데서 온전하여짐이라"

그의 말씀이 원망이 되기도 전에

사랑은 물밀듯 쏟아져 아편처럼 녹아 버렸어

무엇이 그리 기뻤을까 바울은…

처절히 자랑하고픈 욕망
어쩌면 큰 사람 되고 싶어 권력의 시녀가 된
자들에게서 힘을 소유하고픈 욕망…

자랑은 자랑을 낳고 또 낳아
탐욕이 되는 걸 교만이 되던 걸

아!~
그 檻穽(함정)이었을 거야
그 도그마(Dogma)였을 거야

그러나
주인의 냉철하고 매몰찬 음성은
가슴 깊숙이 맴돌았지

그리고
이제야 무엇을 자랑거리로 삼아야 할 것인지를
깨닫게 되었어

약한 것, 능욕, 궁핍, 핍박과 곤란…

약함을… 꺾임을… 죄악을… 알아
당신 능력을 머물게 하고픈 사랑…

그 사랑이었어!
그 은혜였어!

너와 나…
세상 모든 사람들이 가지고 싶어 한 건강까지도

자신을 드리던 그분의 사랑에 흡수가 될 때에야

그분의 기쁨이 나의 기쁨이 된다는 걸…

그렇게 찾아온 나의 기쁨이
그분의 기쁨이 된다는 걸…

3. 귀향

시골길은
깊고도 먼
성찰(省察)의
파생(派生) 상품

시골 아낙은
30배
60배
100배의 결실을
맺게 하실 하나님이 빌린 손길

그리하여
그대여!
벼 이삭 고개를 숙일 땐
경건하고

모든 열매 꺾이고
목 베임을 당할 땐

경외하며

벌거벗어 제단에
바쳐질 땐
찬양하라

4. 때 늦은 시 한 편

아!
기다리고
기다렸던
그녀가 왔어요

너무
반갑고
기쁘고 행복해요

곧
내 품엔
그녀가 준 열매가
가득할 거구요

모든 사람들이
기다리고 기다리던
오색의 화려한 공연을
시작할 거예요

아!
나의 사랑…
나의 기쁨…

가을 씨!
어서 오세요

5. 반짇고리 회상

부푼 엄마의 무덤처럼
십 년도 더 넘은 반짇고리에는

잘려
쓰다 만 실들이
서로 부둥켜 안고 있었다

그곳엔
쓸어 담을 아픈 기억들이
나를 보고 있다

군더더기 하나 없는 몸매로
반짝거리며 나를 응시하는 그 끝엔
찔린 상처

가난…
흐린 눈꺼풀로
기워 입은 흔적들…

그것이
샛별처럼 떠오르면
난 묵언의 수행을 해야 했다

가시 같은 거칠은 뾰쪽함은
자식을 위한 사랑…

그 어느 것도
범접치 못하고 뚫어 낸다

10년도 더 넘은 바지 하나를
기우는 데는 떨림과 회한의
긴 시간의 교차

그리하여
실과 바늘은 하나 되어

어머니와 나를 잇고

찢긴 가족사를 봉합한다

어머니의 반짇고리에는
사랑을 먹고 사는 이들이 있다

6. 눈을 위한 탱고

칼바람의 겨울은
그렇게 가야 하는 거야

꽁꽁 얼어 버린 겨울을
그렇게 보내주어야 하는 거야

겨울은
이렇게 하얗게 떠나보내야 하는 거야

움츠리고
문 꼬옥 걸어 잠그고
신발을 털며
무언가를 소망하듯

두 손 비비며
그렇게
그렇게 겨울을
떠나보내야 하는 거야

아픔이란
그렇게 기억이 되고
상처는
그렇게 새겨지는 것

그래서
그래서
지워지지 않는 기억이 되고
추억이 되는 것

어느 계절에선가
홀로 싸움에 지쳐 있을 때

그를 소망하고
그리워질 때를 위하여
그렇게 하얗게 지새우며
보내 주어야 하는 거야

하늘 위에서 내리는

슬픈 탱고처럼…

7. 누군들

그 누구인들
시심(詩心)이 없겠습니까

바람이 불면 흔들리고
꽃이 피면 향기를 맡으며
비가 오면 먼 산을 보고
그들을 품으면
속이 타오르는 것을…
어느덧 손가락을 자판 위에서
떨고 있음인 것을…

비가 오고
바람이 불어 댈 때면
내가 그들을 부르는 게 아니라
그들이 먼저 나를 부르는 것을
어찌하겠습니까

누군들

이 세상을 향해 쓴소리를 해 대어 무릅쓴 비난받고 싶겠
습니까

눈앞에 암초가 보이고
거센 파도가 사람들을 삼키려 하며
그들의 앞길에 깊은 크레바스가 보이는데
소리쳐야 하지 않겠습니까
더 큰 함성을 울려야 하지 않겠습니까

누군들
나를 아는 이들
함께 추억을 만들고
함께 기쁨과 슬픔을 마주하여 웃고 우는 사람들과 함께
하고 싶지 않겠습니까
아름다운 이야기들을 만들고 싶지 않겠습니까

그 옛날
누군가 나무를 심어

후손인 우리가 물려받은
저 숲을 보십시오

저 굽이굽이 흐르는 강을 보십시오

수백 수천 년을 땀을 흘려 깎고 지어 놓은 저 들판을 보십시오

그 누군가 했던 일
후손과 미래를 보는 눈
그것이
그것들이
지금 또다시
작은 나를 부르고 있습니다
내게 맡긴
작은 일을 하라고
해 달라고…

커피 향이 진해지는 요즘
그들이 부를 때
그 향기가 나를 재촉할 때
진한 향기 속으로
나는 달려가려 합니다

8. 교회여 가라!

그리스도의 사랑을 버리고
정치의 시녀가 되려거든
교회여 교회여 가라

교회여 가라
그리스도가 주인이라며
서로 사랑하라는
흩어진 낱말들 속에

비석처럼 자리한
목사여!
장로여!
성도들이여!

그렇게
세상의 권력 맛보며
주어진 부요를 누리고 싶거들랑
교회여 가라!

목사여 가라!
성도여 가거라!

나는 다시
너희 왜곡의 현장
그 교회를 치우며

주님 주인 된다시던
사흘을 기다릴 터

그렇게 지으신
그 누추한 곳
저 낮은 곳
상처가 있는 곳
변치 않을 사랑 머무는 그곳…

나는 거기 있을 터이니

사랑을 버린 교회여!
용서가 없는 교회여!
분노로 가득 찬 교회여!

가라 가거라

너희가 차려 놓은
빛나는 탐욕의 잔칫상

나를 버린
내 주인 마음 닮아
뒤엎어 버리기 전에

교회여!
교회여 가라!

9. 보리밥 이유서

전주 갈 때면 즐겨 찾는
중앙시장 보리밥집은
맘껏 먹고
3,000원이랜다

김이 모락모락 나는
보리밥에는
그 옛날부터 숨어 살던 추억
내 안에서 때때로 튀어나와
울컥하던 가슴 느끼곤 한다

나물을 섞고
고추장 풀어
참기름 뚜욱 떨어트려
비벼 댈 때면

그 작은 돈으로
멋들어지게 키워 낸

자식 자랑 삼으신

주인아주머니의 일편단심 인생이

함께 버물려지고

세월 따라가다가 잊혀지던

지극히 나를 사랑하시던

주름진 내 어머니…

그가 나온다

어린아이 푼돈 같은 보리밥

가슴 시린 손끝으로

비벼 댈 때면

군자가 아니 되어도

짧은 생애

끝없이 낮은 자를 향한 집념

그 잃어버린 양을 찾으시던

내 주인의 명령

고소한 기름 되어

향기로운 결심의 꽃이 되어

내 안에 머문다

10. 시인 독백

저 아름다운 섬 위에
시를 써 보내겠습니다

서로 함께한 나뭇가지에
시를 걸어 놓겠습니다

저 향기로운 꽃들 위에
시를 써 바치겠습니다

푸르른 바다!
하얀 치아를 드러내는 그 위에
부족한 시를 그려 넣겠습니다

아!
큰 바위 얼굴처럼
세상 모두의 주인!
그 형상을 찾아
그분을 위한 헌신!

그들을 위하여!
그분을 위하여!

스쳐 지나는 공간 위에
내 입술에서
나의 손끝에서
내 심장에서

치밀어 올라오는
언어의 파편들을 끌어모아
살짜기 살짜기
펼쳐 놓겠습니다

온 산하를 돌고 휘돌아
모두를 목 축이는 젖줄
운무가 되어
그렇게 당신의 창조물에
나의 언어를 보태겠습니다

11. 보수(保守)를 보수(補修)하라

정치적
이데올로기를 앞세운
이 땅의 보수는
거대한 기득권이요
특권이다

내가
보수가 된다는 것은
기득권을 빼앗기지 않으려 함이요
특권을 누리려는
적그리스도가 되는
넓은 길로 가는 일이다

유대인을 보라
사두개인을 보라
바리새인을 보아라
대제사장과 서기관들을 보아라

그들은
거대한 기득권과
특권을 누리던 이들이었다

진리가…
참빛이…
쓰디쓴 언어로
자신들을 에워쌀 때
경건을 가장한
욕설과 비방이 앞서던 자들이었다

그리하여
그들 앞에 드러난 죄 앞에
무릎은 없고
비춤도 없었으며
협잡과 투기
비방과 음모
공모한 살인의 길로 갔다

보수를 지킨다는 것을
신앙으로 거짓 승화시키거나
오용하지 말라

그곳엔
주님의 사랑은 없고
용서도 없다
다만 그들은
기득권을 위한
창과 칼을 쥔 군병일 뿐…

보수를 자랑치 말라
보수를 지향치도 말라
보수를 보수하라

내 안에서
승화되지 않는 보수
성령의 사랑으로 점철되지

않는 보수 신앙은

죄악의 길에 서서
탐욕을 드러내는 길일 뿐…

12. 인간은 있되 사람은 없다

구조 헬기 17대…
구조 함정과 해상 크레인…

그러나
현장은 아무도 없었다

명령체계만 기다리는
기계적 인간만 존재할 뿐

황금빛 별을 달고
번쩍거린 훈장을 달고
비서를 달고
수많은 부하들을 달고 살아

권력을 향해 달리고
부를 위해 질주하며
영예를 누리고 사는 자들에게

사람이란
자신의 탐욕을 이루는 데 필요한
구성요소의 하나일 뿐…

성직의 길을 걷고 있는
내 곁 내 주위를 둘러보아도

사람 같은…
사람이 먼저인…

그런 사람 찾아보기가 어렵다

처음 이 땅에 오신 주님
울부짖던 그날에도
사람을 찾아볼 수 없었다

60해를 훌쩍 넘은 나는…
"사람"이었을까?

심판 날
심판의 주로 오실
그날이 가까이 옴을 느낄수록
두려움과 떨림은
나를 옥죄어 오고 있다

13. 등 굽은 술래

시골에 가면 숨은 술래가
톡톡 튀어나온다

선행을 한 것도 아닌데
미안과 감사의 술래는
말속에 숨어
톡톡 튀어나오고

위장을 한 채 속 깊이 박혀 있던
무며 배추는 머리채를 잡힌 채
하얀 속살을 드러낸다

엄마를 닮았나
아빠를 닮았나

하늘에 숨었던 과일들이
내려와 광 깊숙이 자리를 옮겨
정을 통하고 있을 때

허리 굽은
내 어머니의 기억 법칙은
용하디 용하다

시골에 가면 숨은 술래가
톡톡 튀어나온다

땅속 깊숙이 숨어
2년도 더 넘은 검붉은 김치는
질린 숨바꼭질에
찾아 주길 바라고
고자(告者)질해 주길 원한다

시골에 가면
다람쥐 도토리 찾듯
등 굽은 어미가
집 한 바퀴 돌 때면

곳곳에 숨어 있는
싱그럽거나 낡은
해묵은 술래들이 튀어나온다

자식을 위해 애태우며 하던 기도가
마술 할멈 되었나

굽은 허리엔 무엇이 있는 걸까
냄새를 맡는 걸까
땅을 바라보면
세상 모두가 보이는 걸까

아들딸
전화번호 맨날 잊혀져도
꼭꼭 숨은 술래는 여지없이 찾아낸다

시골에 가면
숨은 술래가 톡톡 튀어나온다

14. 고도를 기다리며…(1)

수정 같은
당신 앞에 내가 있을 때
난 저주받은 땅에서
가슴앓이를 한답니다

땅속 깊은 몸부림처럼
마음속에서 피어오르는
상사화 하나는
내 몸 어딘가의
상처로 피어
상흔으로 남습니다

그가 보내온 메시지는
선택적 함묵
내가 선택한 건 가학적 침묵…

모든 퇴로를 막고 선
철장

갇힌 건 나와 너일 뿐

소중한 것들은
그렇게 보호 되어져야 하는 것일까

그리하여
잎이 없는 꽃
영원히 만날 수 없는
나는 묵언의 꽃이 되어야 했습니다
당신 앞에서…

15. 고도를 기다리며…(2)

당신 때문일 거예요
가을 낙엽이
쓸쓸해지는 건

당신 때문이에요
까닭 없이
눈물이 흐르는 건

당신 때문일 거예요
가슴이 쓰라린 건

당신 때문이에요
내 시름의 병마가 찾아왔던 건…

내게 던진
고독의 물음표
뒤척이며
뒤척이며

튀어나온 답 하나…

"당신"이었어요

16. 어떤 추억을 부르다(1)

완도 바닷가의 용칠이는

아침이면 어판장(魚販場)에

출근하듯 한다

힘이 부친 아낙들은

용칠이의 도움을 마다 않고

그에게 펄떡거린 고기 두어 마리를

건네어 주곤 한다

바닷가 용칠에겐

그것이 그에게 내린

바다의 혜택이요 넉넉함이다

때론

커다란 다라이에 바다가 담기고

펄떡펄떡 대던 물고기 뭍으로

튈 때면 그는 바다를 닮은 사람들에

말도 없이 천연덕스레 가져가곤 했다

얄궂은 사람들의 호통은 웃음기가 가득 머금은

약자에 대한 배려어서
나무람이 아니다

그는
그렇게 바닷가 사람들의
사는 법을 익혔다

철모른 우리들은
용칠이의 우스운 용모와
사는 법을 이해 못 해 놀려 대었다

학교 앞
그가 나타날 때면 가장 긴장해야 하는 애들은 이름을 들
켜 버린 여자아이들과 그를 놀려 댄 남자아이들이었다

그의 기억력은
고무줄 따는 짓궂은 아이들보다 또렷해서 여자아이들은

이름표를 가리고 달아나기에
여념이 없었고
그를 놀려 댄 남자아이들은
그가 나타나서 눈을 흘기면
제 발에 저려
줄행랑을 치기가 일쑤였다
학교 수업이 끝나
삼삼오오 짝지어
집으로 돌아가던 때 하필
그와 맞닥뜨려질 때면 거기서 우리의 대열은 산산이 부서지던 파도처럼 흐트러지고 만다

죄 있는 자(?)와
죄 없는 자(?)의 차이…

17. 개(犬)를 부르는 여자

우리 동네
노처녀 하나는
아이를 부르듯 애타게
개를 찾는다

나는 처음 애타게 부르는
그 소리에 착각을 했다
잃어버린 아이를
애타게 찾는 것이라고…
그는 엄마처럼 작은 동네를
개의 이름으로 채운다

어쩌면
그 울림은
모정(母情) 같은 것인지도 모른다
너와 내가 잃어버린 것들을
찾아 헤매는 그 소리인지도 모른다
목줄을 풀어

자유를 주고 다시 찾아 나서는
아이러니 같은 세상에서
그의 애증의 목소리는

잊어버린
우리들의 사랑이며
관심을
불러일으키는 것인지도 모른다

그의 소리는
찢어지는 마을 회관의 나팔
음악 속에까지 흘러들어
애태워 한다

오늘도 해는 뜨고 지는데
그는 여전히 집 나갔다 돌아오지 않는 개를 부른다 목 놓
아 부른다

새벽녘
무릎을 꿇고 내가 부르던
그분의 이름보다도 더 처절하게…

자신을 수호하던
개를 찾아 부른다
목 놓아 부른다

18. 다른 듯 닮은 것들

어쩌면 닮았더라
사람 하나 복음에 매여
그 이야기 자랑삼아 이야기하면
좌빨 용공이 되는

사람 하나
밉보이면
권력을 가진 자
파헤쳐서 파헤쳐서
과포장된 나쁜 사람 만들고
가족과 친지까지 괴물로 만드는
이 세대에서 나는 산다

수천 년 세월이 지났으니
조금은 달라졌을 법한데
너와 나의 죄는 그렇게 여전하더라

그 바리새인까지도

그런 사두개인까지도
자신의 죄를 인식 못 한 채
권력의 맛
재물의 맛에
자신도 모르게 죄로 물들어 버린
대제사장과 서기관들에게까지
번져 버린 소돔 같은 세대…

그래도
남은 희망의 끈…

그건 사랑이지
원수도 품어 안는 사랑이지
잃어버린 한 영혼 애태우며
찾고 찾는 그분의 사랑이지

19. 설원을 기다리며… 보고픈 것들

봄엔

따뜻한 바람의 터치가

일깨우던

파릇하게 올라온

아가의 볼 같은 새싹을

보고 싶을 것이다

여름엔

푸르른 바다가 보고 싶을 것이며

징징대던

매미의 울음소리도 듣고 싶을 것이다

가을엔

하늘 바람이 붓질하며 그려 낸

울긋불긋 손짓하던

단풍나무의 기억을 잊지 못할 것이며

그분이 주신

삼십 배…

육십 배…
백 배의 풍성한 열매들을
나누게 될 것이다

겨울…
모든 것을 내려놓은 섬에서
또 다른 세상을 만드는
하얀 왕국…
그 꿈속 같은 왕국에서 뛰어놀 것이며
어린 추억을 가슴에 담아낼 것이다

아!
그런데
비가 온다
하얀 눈꽃을 그리던
겨울 사람 앞에서
겨울비가 봄비처럼
여름 장마처럼 온다

20. 에덴을 그리며…

다시 일기장을 놓아야겠습니다

어릴 적 친구의 정을 알아
밤을 아끼며 하얗게 지새우고도
잊지 못해 글을 써 대었지

다시
침 묻힌 까만 연필로
일기를 써야겠습니다

사랑을 앓아
고백할 길 없어 바다를 보고
새벽 공기를 가르며 뛰어도
끝끝내 길어지던 가슴앓이…

백지 위에 잉크를 쏟고
어디서나 나를 보던 그녀를
부끄럽지 않게 하기 위하여

나의 거울은 항상 그를 보고 있었습니다

다시 일기를 써야겠습니다

내게 무언가를 요구하며
백지를 내어 밀던 컴퓨터 자판

훌쩍 물들어 버린 세상의 끝에서
온 힘 다해 버티며 교회 끝 긴 장의자
무릎을 모아 앉은
너에게와 나에게 할 말이 너무 많아

또다시 일기를 써야겠습니다

하얀 거울이 백지장이 되고
뚝뚝 부러지던 가지에서 푸르른 잎 싹이 날 때쯤 더욱 파
란 하늘…

그곳에
그분께 무언가 무엇인가
써 드려야 하지 않겠습니까

다시 일기를 써야겠습니다

이순(耳順)의 문턱에서
내 머리의 겉과 속이 희게 될 때
내 심장에 주어진 또 다른 노트 한 권…

먹을 만큼 먹어 버린 나이를
이제 정리를 해야 하지 않겠습니까

일기를 써야겠습니다

순수를 깨뜨리지 않기 위하여
나의 사랑에
불순물이 흘러가는 것조차도

힘에 겨워 앓던 병마
다시는 고독으로 밀어 넣지 말자 했건만…

아직 펄떡이는 심장에 다가오는
한 사람… 가슴에 담기 위하여…

나의 일기장을 꺼내어
너에게 써야겠습니다
써 내려가야겠습니다

연필을 깎고 침을 묻혀
백지장에
그렇게 나의 일기를
다시 써 내려가야겠습니다

21. 품사(品詞)에게 보내는 편지

동사여!
형용사여!
관사여!

명사와 함께 있어 주오

복받치는 슬픔도
쓰라린 사랑도
가슴 시린 아픔도

명사 홀로
눈물로 승화되지 못하리니…

명사여!
명사여!
네 주위의 모든 단어를
껴안고
사랑하오

아무리 하찮은
"등" "따위" "것"일지라도
너의 품에 머무를 때
너는 더욱 아름다운
완성의 길을 걷게 될 것이니…

22. 운전대 붙잡고… 읽기와 쓰기

그가
1차선을 고집한 이유는
바쁜 일상에
편승해야 했기 때문이다

그가
2차선을 고집한 이유는
손님을 태우기 위해
언제든 꺾는 길을 택해야 하기 때문이다

그가
3차선에서 망설인 이유는
초보의 두려움 때문이다
함께할 사람
그 기다림 때문일 것이다

아
어머니 어머니

나의 어머니

당신의 뙤약볕 길
걷기를 자처하며
밭이랑 한가운데 홀로 앉은
진짜 이유는

풍부의 시대
성년이 되어 품 떠난
언제나 어린아이…

아직
당신의 따스한 손길
전해야 하기 때문이다

23. 소망의 편지

그대와 함께
진한 커피 향기
취해 보았으면 좋겠소

그대와 함께
후레지아 짙게 풍기는
화원에 가 보았으면 좋겠소

그대와 함께
솔잎 향 그윽한
고즈넉한 길을
걸었으면 좋겠소

그대와 함께
저 수평선 그 끝을
바라보며
굴곡진 길 위에 발자국을
남겼으면 좋겠소

아
들판을 바라보면
지평의 저 끝엔
그대의 하얀 초상…
난 항상 그대 내려보는
공제선에 서 있다오

그대와 함께
삶의 진한 땀들이
향기 되어 돌아오는
시장의 한복판에
서 보았으면 좋겠소

24. 봄바람도 불었소 봄비도 내렸소

그대
봄바람도 불었소

그대여
봄비도 내렸소

분명
땅에선 미진(微震)…
그 진동이 들릴 거요

분명히
발가벗겨
죽은 듯 서 있는 나목
거기에서도 살을 찢는
아픔에 흔들리고 있을 게요

그대
땅이며 바다며 숲이며

봄이 오면
봄이 오면
모두가
속마음 드러내던 걸

감추인 것
감추고 있는 것들
내보여 주던 걸

그대여
날 위한 삶의 여정…
십자가…

그 앞에서
나는 없다고…
나는 죽었노라고…
고백하며 눈물을 흘리더니

내 삶에
봄바람 불고
내 마음에
봄비가 오면

땅속 깊숙이
박혀 있던
나…
그렇게 내가 먼저 나오더라
그렇게 내 살을 찢고
내 얼굴만 드밀어지더라

아!~
그대여

그분의 사랑…
그 씨앗 남았어도
내가 죽지 못해

나만 살던 걸
내 싹만 틔워 대던 걸

그대여
봄바람도 불었소
봄비도 내렸소

남은 건 땅속
기다린 건
나뭇가지의 겨드랑이

마음속 숨겨 둔 것들에서
무엇을 위한 진동을 하고
무엇을 위한 고통인가

봄바람도 불었소
봄비도 내렸소

25. 왜곡된 사랑은 선악과일지도 모른다

어쩌면
선악과는 '사랑'인지도
모르겠소

사랑을 묻던 베드로에게
사랑을 얘기한 베드로에게
말고의 귀를 잘라 충성을 보인 베드로에게
사랑을 다시 물었소

어쩌면
어쩌면
선악과는 우리가 가진
그런 사랑…
그것인지도 모르겠소
완전한 사랑으로 가는 길에
충성과 헌신…
그것으로 덧씌워진 신앙…

그 길에서
완전한 사랑인 그가
너와 내게 물었소

나를 사랑하느냐고…

거룩한 분노…
그건 베드로의 사랑
아니 충성의 언저리에 있었소

사랑 그 자체이신
태초의 그분은
사랑이 제일이라 말씀하신 그분이셨고
예언하는 능력
모든 비밀과
모든 지식을 알아
산을 옮길 만한 믿음이 있어도
사랑이 없으면

사랑이 없으면
아무것도 아니라고 말씀하셨소

분노에 덧입은 충성된 사랑은
베드로처럼
결코 십자가 앞에서
되돌아설 수밖에 없소

그것은 불완전한 사랑이기에…

분노의 사랑은
완전한 그 사랑에
다다를 수 없소

십자가 앞에서
마지막 떨구신 말 한마디는
그들까지도
배반의 그들까지도…

모두를 용서한 사랑이셨소

그런 분이시기에
현재의 나는 그를 신뢰하며
영원의 나도 그를 붙잡고 있을게요

어쩌면
선악과는
내가 가진 불완전한
불순물 섞인 사랑인지도 모르겠소

오늘 아침엔
베드로를 향하시던 사랑의 질문
내게 던지셨소

그리고…
사랑은 끝없는 용서임을
당신의 말 속에서야 알았소

사랑이

완전으로 나아가는 길…

용서의 길로 걸어야 한다는 걸…

26. 봄바람 소원

햇볕을 쨍쨍 쬐어 줄 테니
봄바람 살랑살랑 불어 줄 테니
봄비 주룩주룩 내려 줄 테니

그대여
걸리지 말아라
병상엔
눕지 말아라

등 굽은 할미꽃 피워 내고
뭉툭한 호박꽃도 피워 내라

거기
내 가슴 열려 있어
나의 마음 설렐 터이니…

27. 꽃들의 방정식(方程式)

꽃들의 인사는
독특하지

아침 햇살
살짝 비추면
환한 미소 보내 주던걸

꽃들의 사랑은
독특하기도 하지

살랑살랑
몸 흔들어 대면

하늘의 전령
온몸에 사랑 편지
담아 가던걸

꽃들의 여행은

독특하기도 하지
온 세상 향기 흩날리고
화려를 뽐내며
모두를 불러 대더니

바람길 따라
빗길 따라
훌쩍 떠나가던걸

꽃들의 삶은
독특하기도 하지

탄성이 끝나고
화려가 끝나고
여행이 끝이 나면

純水(순수)한 綠陰(녹음)
타인을 위한 거대한 결실

나눔을 시작하던걸

꽃들은
꽃들은
독특하기도 하지

28. 새벽으로 오는 메시지

새벽에서 동트는
아침 햇살에는

그분의 미소가
숨어 있는 걸 알 수 있지

새벽이슬
내려앉은
아침 햇살에는

당신의 붉은 핏방울
배어 있는 걸 알 수 있지

새벽녘
동트는
아침 햇살에는

만물 움트는 생명

아가 젖 먹인
엄마 품속임을
알 수 있지

동이 트는 새벽
아침 햇살에는

재잘거리며
푸드덕거리며

하늘을 나는 것들로
부활의 노래 들려주는 걸
알 수 있지

새벽 동트는
아침 햇살
그 빛의 향연에는

당신에게서
내게 오는
풍성한 사랑의 메시지를
읽을 수 있지

29. 하늘 편지 보내는 법

뽀얀
아침 이슬이
창밖에서 나를 엿보고 있었습니다

나는 그곳에
오늘 나눌 말들을 써넣습니다

사랑합니다
사랑합니다
사랑합니다…

스치는
팩시밀리의 감광!

햇살은 그곳에
짙은 빛을 비추고
이내 하늘로 보내졌습니다

사라진 글씨…
남겨진 여운…

그렇게
나는
아침 이슬로
온 세상 목 축이게 하신
나의 그분께
편지를 써 보냅니다

30. 비의 언어(2)

언어의 왜곡…
언어의 한계…
언어의 혼돈…

무성한 말들 속에서

떨쳐 버릴 것들을
잊기 위하여

세상 모든 것들을
담아내기 위하여

비는
그들만의 언어를
만들어 내고

비는
말 못 할 고백 부여잡고

나와 너의 창가에

그 언어를 쏟다

    . . .

    ' ' '

    ' ' '

    ' ' '

   i i i

31. 오월엔 비가 올 것이다

메마른 땅
일구어
그 위에
씨앗 뿌리며
땀 흘리던 농심

오월엔
그렇게 비가 올 것이다

너와 나
바람을 잡으려
꿈꾸며 살아온
악착같은 삶 위에
언제나 한결같은
사랑의 미소

오월엔
그렇게 비가 올 것이다

새까만 도시의 밤하늘
너와 나의 셈법들이
지쳐 갈 때쯤

비탈진 산길을 걷다
시골 구부정 길에서
푸르른 보리밭에서
문득,
정 없이는 살 수 없다던
어머니의 향수를 기억해 낼 때

그렇게
오월엔 비가 올 것이다

수많은 질시와 탐욕
경쟁의 날들에서
고운 옷 차려입고
교회 가던 길

죄가 다시 나를 덮치며
앞서 나가려 할 때
무릎을 꿇는 나의 비보

그렇게 비가 올 것이다

아!
아!
파랗게 젊은 이들
독재에 맞서던 항거여!
그날… 그날이 또렷이 기억되고

가슴 찢어질 수장(水葬)
엄마 아빠의 환장(換腸)

그들은
아직 떠나지 못해

아빠여 엄마여

잊어라

잊어 달라

국가여 국민이여

잊지 말라

잊지 말라

그런 아이러니(irony)…

그렇게

그렇게

오월엔

나의 오월엔

비가 올 것이다

32. 받아쓰기의 허점

어쩌면
당신도
나도
왜곡을 일삼는
검찰의 끄나풀이었는지
모르겠다

앙큼스런
검찰이 흘린
언론에 놀라고
도장 찍듯
입방아 찍어 대었고

때론
진실을 외면하고
내가 알고 믿고 싶은 것들만
설파하지 않았던가

너와 나의
받아쓰기에서

진실은
내 근처를 맴돌고 있었고
정의는
끝없이 새로운 공기를
보내 주었건만

그대여
그대여
가슴 뛰고 있었던가
불타오르고 있었던가
분노의 눈
시뻘건 눈이 되어 있었던가

그대여
나를 위해 하늘 향한

무릎은 꿇고 있었던가

어쩌면
나는 일제의 순사요
정치 검찰의 끄나풀이었는지
모른다

그들이 선생이 되어
받아쓰고
읽고
말하는…

그런 증폭 스피커였는지
모른다

33. 주먹밥 회상

아픔이 있다면
광주로 가거라

슬픔이 있다면
광주로 가거라

그대 아직
뜨거운 가슴이 있다면

오월
오월의 광주로 가거라

잊지 못할 것들을
기억하고 싶다면
80년의 오월이
숨 쉬고 있는 광주로 가거라

가난을

기억하고

눈물을 기억하고

아픔을 가슴에 새기고 싶거든

두 주먹 불끈 쥔 형상
두 손 모아 꾹꾹 눌러
슬픈 눈물로 만든 주먹밥

그날 기억 잊지 말자
양동시장 엄마들이 만든
격려의 주먹밥
소망의 주먹밥

거기 아직 나누고 있을 테니
그곳으로 가서

슬픔을 먹어라
아픔을 먹어라

이팝나무의 새하얀 꽃

너의 가슴에
나의 가슴에 달아
기억하러
기억하러
광주로 가거라
광주로 가거라

34. 벽(壁)

벽이란 것은
가까이 더 가까이
가지 못하는 것이다

벽이란 것은
그래서
어려움이고
외로움이다

물이 땅속에 스며들듯
보이지 않는 사람의 벽에서

투과되는 건 단 하나

사랑…
사랑밖에 없는데

벽에 서면

벽이 되면
사랑은
물과 기름처럼
통 통 튀어 버리던 걸

벽이란 것은
그래서 사랑이 스며들 공간이
사라진 그곳이 곧 벽이다

벽이란 것은
외로움이다
고독이다
스쳐 지나치는 바람이다

그대여
너도 나도
벽이 되지 말자
벽을 만들지 말자

35. 몽정기

꿈을 꾸면 안 될까

여인이여
나의 여인이여

당신 앞에 서면
그는 눈을 감고
나는…

그런 꿈을 꾸면 안 될까

꿈을 꾸면 안 될까

네모 반듯한 상자
팔베개로
함께 누워 하늘을 바라보는…

그런 꿈을 꾸면 안 될까

꿈을 꾸면 안 될까

내 가슴처럼
쿵쾅거리며 흘러 대던 음악
뒤틀어 버린
둘이 하나 되던 음표,
그 발라드…
사뿐히 몸을 실어
살짝 굴곡진 라인
붙들고 하늘을 날고픈…

그런 꿈을 꾸면 안 될까

너와 나
가면무도회
두 눈만이 말을 하고
아무도 보지 못한
두꺼운 얼굴

두 손 맞잡고
울타리를 넘는
너와 나의 한때를
숨이 넘기는 날까지
간직하는…

그런 꿈을 꾸면 안 될까

아!
그리하여
그리하여

사랑이라고
사랑하였노라고

꿈처럼
그렇게 살았노라

하늘 주인께
고백하는 그런 꿈을 꾸면 안 될까

36. 시인의 보고서

시인들은
짧은 인생을 살았다지

수없는 인생의 쳇바퀴를
머릿속에 몰아넣고
그 속에 함축시킬 언어를 찾아
배고픈 방황을 했다지

그래
그래서 뱃속 허기 참지 못해 죽는 거야

시인들은
시인들은
짧은 인생을 살았다지

덩치 큰 고래의 슬픈 눈에서
뼈 아프던 그의 삶을 읽어 내고

갇힌 새장이거나
넓은 들판에서 들리는 새들의 소리
그들의 방언을 풀어내야 하거나

터무니없는
밤하늘의 별을 세어 보고
눈에 박히던
별들에 말을 걸거나

여름과 겨울의 햇빛의 차이가
내 주위를 맴돌 때 사람의 문제이거나
햇빛의 문제이거나를 연구하는
밤이 낮인
연구자가 되어 결과물을 내야 하는
그런
극한의 직업병에 시달리지

그래 버릴 수 없는 것들을 안고

말 못 할 것들의 언어를 대신할 때
병이 되고 시름이 깊어져 죽는 거야

시인들은
짧은 인생을 살았다지

어쩌다
자그마한 종기 같은 덩어리
몸속에 집어넣고선
자라고 자라다 나를 집어 삼킬 때
놀란 토끼가 되어 버리듯

아!
나를 위한 시의 언어들이여!

그것이 자석처럼 끌어당긴
고독
외로움

상처
사랑
그 덩어리를 안고 살아
그것이
나를 죽이던 걸
나를 함정에 빠트리던 걸

시인들의 일생은 짧다지

세상의 죄를 지고
못 박히던 피 흘림…

그 밑에서…

고독은 누가 지고 가던가
외로움은 누가 지고 가던가
온 우주에 퍼지는 그분의
깊고도 넓은 사랑 언어는

누가 풀어 주던가

시인들은
시인들은
인생이 짧다지
길지 않는 인생을 살아야 한다지

37. 약물은 스며 눈물로 흐르고

아침과 저녁엔
난
누워 두 눈꺼풀을 뒤집고
녹내장 약을 투여한다
두 개의 약과 세 개의 약은
때론 쓰라림을 안고
눈물샘을 타고 목젖을 흐른다

쓰다
아주 쓰다
그리고 쓰리다

잠깐 눈을 감고
약이 고루 퍼지기를 기다린
그 짧은 시간
눈물과 약물이 뒤섞인다

아!

내 가슴에 스며들던
눈물 같은 이는 누구였을까
약물 같은 이는 누구였을까

나는 그에게 무엇이
스며 있었을까

양쪽으로 흐르는 것들은
약물만이 아니다
쓰라린 눈물만이 아니다

그리움이 뒤섞인 것들에
가슴이 탄다
애가 탄다

다시 난 어린 소년이다

외사랑에

가슴 저미며
일기장에 맘 쏟아 버리던
그런 소년이다

이순을 앞둔 평온에서
다시 돌아가고 싶지 않은
배고픈 그때,
그렇게 되돌아가고 있는
순수를 찾는
그런 가슴앓이 소년이다

38. 나르시시즘을 위한 기도

내 마음에
호수(湖水) 하나 있다면
좋겠다

내 마음에
소리쳐 흐르고 흘러 낼
계곡 하나 있다면 좋겠다

내 마음에
조용히 샘솟는
자그마한 샘 하나 있다면 좋겠다

샘 가로 피워 낼
꽃들을 심고

땅속 깊게 수관을 내어
흐르게 할 거야
끝없이 흐르게 할 거야

목마른 것들에
목을 축이게 할 거야

그곳엔
상사화도 심고
수선화도 피워

그분의 심장
그 나르시시즘에 빠지게 될 거야

가을이 오면

코스모스는
코스모스는
온 세상에 흩날리며 떠들어 대겠지

내 마음에
너에게

그 누구에게

끝없이 흐르게 할

사랑의

호수 하나 있다면 좋겠다

39. 시공(時空)의 전(箭)

누가
자기의 십자가를
지려 않고
태극기를 들라 했나

누가
기도하지 않고
거리로 나오라 했나

누가
용서하지 못하고
분노를 표하라 했나

누가
진실을 향해 가지 못하고
거짓을 퍼트려
혼란케 하라 했나

독재라는
역사의 뒤안길에서도
교회는 잠잠히 그리고 조용히
상처받은 자 쫓긴 자들을 끌어안고
기도하며 그들의 총과 칼을 무력화 했었다

슬픈 죽음…
그 시체 앞에서…

누가
그 누가 오열하지 않고
비난하라 했나

나사로의
주검 앞에 서서
당신의 앞날을 보시고

"잔다"라고 말씀하시고

믿음을 보이라
책망하시던…

그 책망은
화살이 되어
머나먼 과거에서 현재를 관통하며

나와 아들과 딸들을 향해

時空을 거슬러 달려오는데

누가
죽음을 힐난하며
정쟁으로 삼아라 했었던가

누가
타인이 진 십자가에
좌편의 강도가 되라 했는가

40. 수심(愁心)의 깊이

그림자는
사물의 "그늘"이다
때론 그 그림자는
사물의 크기보다
크기도 하고
작아지기도 하며
순간 사라지기도 한다

사람에게 있어
"그늘"은
그의 마음속 愁心이다
그를 이해한다는 것은
그 愁心의 깊이를 안다는 것일 게다

십자가의 사랑…

사랑을 하면
예뻐지는 것만이 아니다

타인의 "그늘"의 깊이를 알게 되는 길…
그것이 "사랑"이다

자신의 죄를 망각한 인생은
그 죄를 인지하지 못한다
자신만을 사랑하는 사람들은
자신의 상처만 소중할 뿐
타인의 상처를 아랑곳하지 않는다

믿음과 소망과 사랑…
그중에 제일은 사랑이라…

나만을 위해 질주하던 삶에서
되돌아설 수 있었던 건

나의 그늘의 깊이를 알고
나의 내상의 깊은 곳에 들어와
"내가 너를 사랑하노라"고

말씀하신 그분의 "사랑"이었다

아!~
그분의 사랑은…
그분의 사랑은…
언제나 오래 참고
모든 걸 감싸 주고 참아 내는데…

난
그 사랑에 다다르지 못했고
그 사랑에 빠지지 못했으며
타인의 愁心의 깊이를
알아내지 못했다

나의 주인이시여!
나의 주인이시여!

당신의 만인을 위한 십자가…

한없는 대속의 사랑…
내게도 주옵소서!
내게도 주옵소서!

그리하여
당신처럼
십자가처럼
나를 만인의 사랑이게 하옵소서!

41. 모래톱 사연

바닷가
모래톱
말린 주름 속엔

바람의 흔적
바닷물 쉬어 간 자리,
세월이 묵어간 자리

바다와 바람의
뜬 눈의 밀어

밤늦도록
그렇게
말을 하고
그림을 그리고
시를 쓴다

우린 그들의

침묵 언어에 조용히
탄성을 지르고야 만다

그들은
이 작은 모래톱 쌓기에
세월을 아끼지 않는다

나와 너
그리고
우리 모두의
추억!

저 모래의 톱처럼
낮게 더 낮게
새겨 넣을 수나 있을까

바다여
바람이여

탑이 되지 않고
올려다보지도 않으며
그저 발밑
모두의 밑바닥

나는 너의 사연
담아 가련다

42. 자동 분사기

치~익~!
향수(香水)가 소리를 낸다

온 사무실에
커피 향내가 쏟아진다

누군가의 삶은
이 좁은 공간에서

소리 없는
치~익~!이다

43. 사랑하는 당신이여!

어쩌다가
정치꾼이 되었소

어쩌다가
異端(이단)이 되었소

어찌하다가
적그리스도 같은 이가
되어 버렸소

어쩌다가
어찌하다가

온 세상의 지탄받는
지탄의
대상이 되었으며

바이러스 전파한

전파자가 되었으며

어쩌다가
모두가 경외하던
한국의 기독교를

통째로
흔들고 말아먹을

이단의 괴수들과
같은 무리로 만들어 버렸소

그것이
당신의 분노 때문이 아니었소?

당신의 명예 때문이 아니었소?

참된 복음을 버리고

위장된 선지자를 만들어
자신을 신격화하려는
그 탐욕 때문이 아니었소?

저 낮아짐이 아니고선
나의 죄악을 고백함이 아니고선
나약한 자들의 편
병든 자들의 변호자가 아니고선
결국
당신의 바벨탑은 무너지고 말 것이니…

사랑하는 자여!

주님의 말구유
상처와 주검…
좁은 길…
그 사랑으로 되돌아 서 주오!

44. 등교(登校) 길 잘못된 신호에서…

분명
어린이 보호 구역이었다

등굣길…

어르신 한 분이
연신 수신호를 한다

내 차가 비상 깜빡이인 걸 모른 채
나는 나의 목표 지점을 향해
좌회전을 하려 했다

내게
직진하라던 어르신이

지시봉으로
내게 손짓을 한다

그제서야 난

비상 깜빡이를 켜 놓은 것을 알았다

노인 센터 어르신들을 모시며

비상등을 켜 놓은 것이다

급히 고개를 숙이며

죄송하단 표시를 해 드렸다

어쩌면

나와 우린 나의 목표 지점을 향해 가면서

잘못된 메시지를 전달하는지도 모르겠다

어떤 상황 속에서

나를 먼저 점검해 보지 않거나

확실하지 못하면

나의 메시지가

상대방에게선

전혀 다른 메시지로
받아들일 수 있다

지금 내가 하는
유형 무형의 전달 의도!

다시 한번 점검해 보자

받아들이는 개인과
다수의 사람들에게

어떤 파장을 가지고 올지
믿음의 사람들에게
어떤 믿음을 심게 될지를…

45. 누군가의 누구

누군가
당신에게 아름답다
말하는 것은

누군가의 꽃이 되라는 말입니다

누군가
당신에게 곱다 말하는 건

그 누군가의 마음속에
씨앗을 뿌리라는 것입니다

누군가
당신에게 예쁘다고 말하는 것은

이 세상의 누군가
그 누군가에게 미소 지으란 말입니다

누군가 당신에게
멋지다고 말하는 건

그 누군가의 가슴속에 머릿속에
그 모습 깊게 남으란 말입니다

시들어 버린 꽃들…
꺾여 버린 인생…
좌절의 늪…
죄악의 숲…
병의 시름이
가시 되어 찔러 오는
이 죄악의 세상에서…

"아름답다" 말하는 건…
연약한 그들에게
미소가
되라는 것일 겁니다

사랑이 되라는 것일 겁니다

46. 나를 희롱한 모기의 동선에서…

여명이 밝아 오는
아침의 시간
여느 때처럼 성경을 폈다
은혜와 평안은 언제나처럼
내게 오고 있었는데

오늘은
모기 한 마리가
내 팔뚝 주위를 오가며
나를 희롱한다

눈 나쁜 나를 아는 듯
저공비행(低空飛行)을 하고선
훌쩍 떠났다

나는 손 한 번 휘두르지도 못했다

그 말을 들은

아내는 응징에 나섰다

언제나 파리 모기를
보이는 족족
잘 잡아내던 아내가
모기의 동선(動線)을 파악하고 있다

내가 말했다

"모기의 동선을 파악하는 건
어리석은 일이다"라고…

모기는 언제나 그랬다

슬쩍
남의 피를 강탈하듯 빨아먹고선
술 취한 사람처럼 휘청거리며
범죄자 달아나듯

예상치 못한 경로로 비행하며
어둠으로 숨는다

그리고
배가 고프면
다시 그 특유의 저공비행을 한다

어쩌면
우리 속에 숨어 있는 죄들은
그렇게 다가와서
모두를 희롱하고 있는지도 모른다

난 몰라!
나는 잘못 없어!
정부 정책이 문제이고
속은 사람이 문제이고
순진한 크리스찬이 문제인 거지!

그렇게
모기처럼 불확실한 비행
어둠의 비행을 하곤 한다

이 나라의 교회는
침묵 중이다

실컷 시뻘건 피를 빨아먹은 모기처럼
통통한 뱃살에
붉은 피를 저장하고
저 은밀한 곳에서
배를 두드리며 쉬고 있다

누군가
목소리 높여 자신들의 속말을
대변해 세상을 뒤엎어 주고 있으니

그냥 굿이나 보고

떡이나 먹지 뭐

끝없이 부풀린 그들의 탐욕으로…
교회의 거룩성에 손상이 되고
하나님 나라가 훼방되며
주님의 영광이 가려지고
교계가 파탄 날 지경이어도

위임받는 그들에겐…

평안히 누리고 있다가
은퇴하면 그뿐…

교회를 위한 복음을 위한
노(怒)가 없다
요한의 결기(決氣)가 없다

필시

그들에겐
신학은 있으되
보이지 않는 믿음의 복음은 없다

어쩜 그렇게 공룡을 닮았을까
어쩜 저렇게
철저히 자본주의자가 되어 버렸을까

말라기를 통한 구약의 마지막 말씀

"헛된 제사를 드리지 않게 하기 위해
성전 문을 닫을 자가 있었으면 좋겠다"고
말씀하시고 이내 침묵해 버리시던…

그때
그분의 심장 하나…

어제의 붉은 해는 지고

다시 내 속에서 떠 오르고 있다

47. 인색한 자에게 던지는 테러리즘

오늘은
교회 대출금 만기일이다
교회 건축 후
그간 8여 년 동안 이자로만
은행에 지불한 것을 계산해 보니
1억여 원이 넘게 은행 이자에 쏟아부었다

은행에선 대출금과 원금을 조금씩 상환하는 조건을 제시했다
부담이다
아직 교회는 자립하지 못하고 있는 상황

직접 본점을 찾아
협상(이자율 조정)에 들어갔다

2억 7,500만 원짜리는 3.2%
1억 1천만 원짜리는 3.5%로 조정했다
항상 느끼는 거지만

은행은 인색하다

나는 언제든 상환할 수 있도록
해 달라고 조건 하나를 더 제시했다
그리고 협상을 마무리했다

언제든 때가 되면
저 인색한
은행을 바꾸리라…

내가 저 갑질 당한 곳에
꺼낼 수 있는 칼은 언제나 "다짐"이다

48. 기억의 되새김

그대 얼굴
수평선 위에 떠올랐었지요

그대 발자국
모래 위에 남겼었지요

우리 하던 말들은
온 산천에 흘러

여느 돌처럼
저 모래알처럼
깊게 박혔을 테지요

아!~
그리하여
물 흐를 때
바람이 불 때

훗날
우리 다시 발자국 소리
들려줄 때

사라지며
잊혀져 간 것들에서

바다는
바다는
바람 불어 대며
소리칠 거예요
다시 꺼내어 놓을 거예요

49. 추석(2)

한낮
끝없이 작렬하는
하늘만 바라보다

태양처럼
그렇게 익어 버린
과일 하나…

밤엔
휘영청 밝은 달과
밤새도록
속삭이다
속삭이다

동그랗게
닮아 가던
과일 하나…

앞에 두고

둥그렇게 앉아
서로를 닮으려는
환한 미소…

그건
영원히 변치 않는

태양이다

달이다

사랑이다

50. 100의 전설

빛이여!

겸손을 붙잡은
황금 들판
늘어진 나뭇가지 위에
새겨 넣으시던
100의 의미

그렇게
100배를 거둬들인
농심의 미소

빛은 생명…

누구도
그 어느 곳에도
차별 없는…

타들던 겉과 속
꽉 차인 알곡

목이 곧은 나처럼
그 때를 버리고

그분 앞에 서 있는
부요(富饒)의
고개 숙임 그 넉넉함

빛이여
그렇게 말하라

그대
태초로부터
생명이었던 것을…

그대

처음부터

끝없는 사랑…

그 베풂으로부터

태어나

100의 결실을 위한

이곳까지 왔던 것을…

51. 태초에…

창조주
하나님은
하늘을
그분의 성품대로 지으셨어요

하나님은
모든 원소들을 모아
태양을 만드셨지요

태양은
하늘이 준 것들에
수많은 빛으로
뭇 생명들에게 쏘아 주었지요

그것이
하나님께서 허락한
그들의
대화 방식이었고

삶의 방식이었어요

그렇게
모든 둥근 것들에게
받은 우리는
철이 들수록
나이 먹을수록
그 둥그런 마음을 닮아 가지요
그것이 그분의 마음이기도 하지요

오늘도
한낮의 태양은 따사롭고
어둠의 달빛이 고목 위에
걸렸어요

동그란 달…
동그란 사람들이에요
감사하는 마음들이

나무에
주렁주렁 걸려 있어요

아!~
이것이 이것이
행복!…

그분의 사랑을 받고
당신을 사랑하는 마음…

52. 가을 연가

가을 소식 하나
햇볕으로 왔었습니다

가을 소식 하나
휘영청 밝은
달빛으로 왔었습니다

가을 소식 하나
바람의 끝으로 와
시를 써 그분께 보냈습니다

가을 소식 하나
코스모스의 짙은 향기로 왔었습니다

가을 소식 하나에
벼 이삭 고개 숙여
감사 인사를 합니다

이 모든 가을의 부요와 아름다움…

오색의 단풍에 담아
하늘에 손 흔들어 보냅니다

사람들의 산뜻한 미소는
온 산야를 뒤덮습니다

아!~
가을이여!

감사가 깊어지고
모든 것에 의미가 부여되는
나의 가을이여!

53. 수평의 정원

바다가 보이는
집을 갖고 싶다

어릴 적
툇마루에 앉으면
수평선을 가로막은
섬들…

답답하다 생각했지

이젠
그 섬들의 의미를
알게 되었어

바다가 보이는
집에 살고 싶다

무너져 버린

옛집,

사람들은
바다를 정원 삼기 위해
드높은 빌딩을 짓고
그곳에 산다

그렇게
나의 툇마루의 바다는
가려졌고

이제 산에 올라야만
바다를 볼 수 있지

바다가 보이는 곳
그곳에 살고 싶다

드넓은 수평의 정원

작은 섬들이

서로를 그리워하는

그곳에 살고 싶다

54. 대화의 역설(逆說)
　(애증의 교차점)

에그~
지질하게도
말 안 듣는 사람이 있당께!

그게 누구여?

안 되아!~~
그 사람을
꼭 마음속에 담고 살랑께
더 이상 묻지는 말어!

55. 감정 드러내기

으~~
춥다!

오늘도 어르신들
차로 모시면서
두 손을 비비며
싹싹 빌었다

춥죠?
잘못했어용! 하고
웃으며 손을 비비며 다가선 내게
"뭐가 잘못했냐"며
함께 해맑게 웃으신다

가만히
생각해 보니
잔소리 하나하나
짜증 섞인 말투도 생각이 난다

내일은
더 춥다는데…
고생한 집사람 앞에서
손을 한번 비벼 볼까?

56. 자유와 구속 사이

하늘을 나는 연은
줄 하나에 매달려
하늘을 자유롭게 난다

연의 줄이 끊어지면
자유는
나락으로 떨어지고 만다

그대여
연처럼
자유를 누리려거든
절제의 줄
규제의 줄을
끊지는 말라

연의 자유는
팽팽한 연줄에 있다

57. 밤의 언어 불타는 사랑

그렇게
사랑 한번 해 보았음 좋겠다

지그시 눈 감으면
수평선 너머
그대 얼굴 떠오르는…

그렇게 사랑 한번 해 보았음 좋겠다

사무치는 사랑이
가슴에 별처럼 담아
시름을 앓는 병색

뜬금없는
그의 병문안에
가슴은 부풀고
병실 가득 찬
하염없는 미소…

그렇게
사랑 한번 해 보았음 좋겠다

아
어둠이 오면
어둠이 오면
가로등 불빛 아래
흔들릴 듯 말 듯한 그네
교차된 그림자에
밤의 언어가 불타는…
그런 사랑 한번 해 보았음 좋겠다

그런 사랑이 있었음 좋겠다

만산의 홍엽
화려를 버리며
환호를 내던지고

서로를 마주한 알몸 같은

그 누구도 부끄럽지 않는

비췸…

그런 사랑이라면 좋겠다

아!~

그대여

그대여

그런 사랑이 만들던 눈꽃

그 나신(裸身)으로 서로의 바침이 되는…

그런 사랑이라면 좋겠다

58. 이별 연습

떠남에
이유가 있다면
기꺼이
보내 드리겠습니다

가을의 낙엽처럼
온 산야를 물들이고 난 뒤
그대여
그대여
떠날 준비가 되었다면
제게 말해 주십시오

붉은 세마포를 입고
피를 뚝뚝 흘리던 날
타인의 죄 짊어지고
가신다면…
그렇게 가신다면…

내리는 비에
눈물 감추어 보내 드리겠습니다

목적이 있는
떠남이라면 보내 드리겠습니다

나의 주인처럼
부활을 향해 가시던 길
그런 길이라면…

사람들은
고난이라 슬픔이라 말하지만

아!
당신에겐
분명 꽃길이었을 테지요
기쁨의 길이었을 테지요

만산의 홍엽처럼

화려를 숨죽이고

푸르른 잎새

다시 피워 낼 그날을 위함이라면

보내 드리겠습니다

주님 가시던 그때처럼

결코

부활을 잊지 않을 거예요

59. 마지막 탱고

하루를 살고자
밤의 빛으로 모여
마지막 탱고를 추는
하루살이들에게
외등을 꺼 버린
나는
얼마나 잔인한가

60. 사랑하라 서로 사랑하라

자태가
아름다운 여인은
두 눈에 즐거움이 들어오고

심령이
고운 여인은
마음에 기쁨이 들어온다네

곱고 아름다운
꽃을 보면
눈과 마음이 즐거우나

그 꽃을 꺾으려 함은
소유를 향한 탐욕이라

사람의 마음은
파헤쳐 보면
깊은 샘이 되려니…

그대여!
그대 마음 별을 붙잡아
흔들리지 않게 하고
하늘을 붙잡아 푸르게 하여라

그러나
나의 마음 바람이 일고
당신의 마음 부딪혀 휩싸이며
그 바람 폭풍우가 되려거든

사랑하라
사랑하라
서로를 사랑하여라

61. 가을 레이저(laser)

필시
가을바람의 끝엔
살갖을 태우는
레이저가 달려 있는 걸 거야

필시
가을바람의 끝엔
활활 타던 여름
폭풍으로도 씻겨 내지 못한
그 불덩이…

아!
바람으로만이…

살랑살랑 불어 댈 바람으로만이
식혀 낼 수 있다는 걸
알게 하는 걸 거야

필시
가을바람의 끝엔

식어 버린 것들
후에 다가오는 한(限)

더 많은 것들을 익혀 내지 못한
안타까움

그 냉정한 온기가 들어 있어
하얀 눈이 되어 내리게 되는 것일 거야

62. 복의 근원

물 댄 논
살짝 자신을 비추는
아침 햇살이
곱디곱다

하늘은 맑고
나무는 푸르다
새는 즐겁고
꽃들의 향내는
싱그럽다

가정…
자녀들…
만남…
일터…
관계…

보여지고

맺어지는
모든 것들에게 주는
하늘의 축복

나의 입술이
감사가 흘러나오고
행복의 미소를
지을 수 있는 건

그분이 내게 있고
그분이 내 안에 계시는 것

교회를 채우고
세상 곳곳에서 만나는
그리하여
그분의 형상을 땅 위에 비추는
당신들이 있기 때문

사마리아인의 보고서

ⓒ 김천석, 2025

초판 1쇄 발행 2025년 11월 11일

지은이	김천석
펴낸이	이기봉
편집	좋은땅 편집팀
펴낸곳	도서출판 좋은땅
주소	서울특별시 마포구 양화로12길 26 지월드빌딩 (서교동 395-7)
전화	02)374-8616~7
팩스	02)374-8614
이메일	gworldbook@naver.com
홈페이지	www.g-world.co.kr

ISBN 979-11-388-4913-5 (03230)

- 가격은 뒤표지에 있습니다.
- 이 책은 저작권법에 의하여 보호를 받는 저작물이므로 무단 전재와 복제를 금합니다.
- 파본은 구입하신 서점에서 교환해 드립니다.